DE LA ENFERMEDAD INFANTIL EN EL HOSPITAL Y EL HOGAR DE CONVALECENCIA A LA SALUD

DE LA ENFERMEDAD INFANTIL EN EL HOSPITAL Y EL HOGAR DE CONVALECENCIA A LA SALUD

EDWARD ROULHAC

Edward Roulhac
De la enfermedad infantil en el hospital y el hogar de convalecencia a la salud

Published by Spines
ISBN 979-8-89569-853-2

ÍNDICE

PRÓLOGO

Esta historia está escrita para inspirar y motivar a los jóvenes (y a los lectores mayores) que en algún momento de sus vidas han sido hospitalizados, recuperándose en casa de una enfermedad, o colocados en un hogar de convalecencia para recuperarse de una enfermedad.

La mentalidad es algo poderoso y con una actitud positiva y una visión expectante de salud y bienestar, mejorar es posible.

Lee esta historia y experimenta el valor de un niño pequeño para mejorar su salud.

ACKNOWLEDGMENTS

CAPÍTULO 1
ANTECEDENTES

NACÍ en el barrio de Brooklyn, NYC, en el Hospital del Condado de Kings, y un año después mis padres mudaron a la familia al barrio del Bronx, NYC.

Yo era el tercer hijo en ese momento. Tenía una hermana y un hermano mayores, quienes junto con mis padres considero mis primeros maestros.

Vivíamos en un apartamento en el segundo piso donde ocurrieron muchos buenos momentos familiares. Mi madre, que nació y creció en el Sur (Carolina del Sur y Florida), era una increíble cocinera de la comida sureña. Durante las fiestas, los familiares venían a nuestro apartamento para comer, reír y compartir momentos felices.

Mi padre era un trabajador muy arduo y proveía para una familia en crecimiento que eventualmente tendría cuatro hermanas más. La familia estaba compuesta por dos padres, una abuela, cinco hermanas, un hermano y yo.

CAPÍTULO 2

INICIO DE MI DOLENCIA

UN DÍA, cuando me acercaba a mis cuatro o cinco años, contraje y sufrí una enfermedad respiratoria. Los ataques de asma y los sibilancias comenzaron a aparecer cada vez que intentaba respirar.

Los ataques eran tan severos que me sometieron a una dieta especial que prohibía el uso de sal, pimienta y especias, y me restringieron de salir a jugar con mi hermana y hermano mayores, así como con otros niños.

Desde una de las ventanas que daba al frente de nuestro apartamento, podía verlos jugar en la entrada y en la calle de abajo.

CAPÍTULO 3
MI MADRE Y YO

A MI MADRE LE DIJERON los médicos especializados en el cuidado de niños con problemas respiratorios que siguiera sus recomendaciones para ayudarme a evitar desencadenar ataques de asma.

Me aconsejaron evitar el polvo, otros alérgenos, y mantenerme alejado de mascotas como perros y gatos, ya que su pelaje y la piel seca que se descama pueden flotar en el aire y agravar mis síntomas.

No estaba solo en mi lucha contra el asma infantil en el vecindario. Aprendí, al escuchar a mi madre y a un visitante adulto, que una familia vecina había decidido mudarse a Arizona, creyendo que el clima seco les ayudaría a combatir los ataques de asma. Nunca volví a ver a esa familia.

CAPÍTULO 4
EN LA VENTANA

ME DIJERON que me sentara en la luz del sol que entraba por los apartamentos con la ventana en el segundo piso donde me sentaba y permanecía lo más tranquilo posible y no emocionarme demasiado para no desencadenar un ataque de asma.

Yo miraba hacia el cielo de día y noche cuando no podía dormir. El asma y la dificultad para respirar me mantenían despierto muchas noches sentado y pasaba la mayor parte de mi tiempo leyendo libros, revistas y cómics y estudiando las imágenes mientras me sentaba en la ventana tomando el sol que se vertía sobre mí.

Observaba a los pájaros (principalmente palomas) volar y ocasionalmente alguna se posaba en el alféizar de la ventana. Los insectos volaban y los insectos que se arrastraban (hormigas y orugas) caminaban y subían por las paredes del edificio. Las hormigas siempre estaban ocupadas y en movimiento yendo y viniendo llevando cosas. Anhelaba ser como las ellas, saludables y activas.

CAPÍTULO 5
AÚN SIN PROGRESO Y VISITAS EN AMBULANCIA A URGENCIAS

A PESAR de las precauciones y de los consejos del médico para evitar desencadenar un ataque de asma, experimenté múltiples episodios severos de dificultad para respirar. Estos sucedían principalmente por la tarde y a veces en la noche, lo que requería que mi querida mamá me llevara a la sala de emergencias del Hospital Lincoln, ya sea en ambulancia o en taxi.

Mi papá trabajaba regularmente en dos empleos y no podía llevarnos. En el hospital, recibía tratamiento en forma de inyecciones, pastillas y medicamentos que inhalaba para ayudarme a respirar más fácilmente y relajar mis pulmones. Luchaba por exhalar e inhalar.

Cuando los médicos consideraban que era seguro llevarme de regreso a casa, mi mamá me confortaba durante el trayecto con palabras de aliento y abrazos. Me apoyaba en su brazo mientras regresábamos en taxi a nuestro apartamento en el segundo piso de un edificio de apartamentos en el Bronx.

Subir las escaleras hacia nuestro apartamento en el segundo piso era un gran desafío para mí y requería una enorme cantidad de energía y esfuerzo. Estoy agradecido de que mi mamá me hiciera subir las escaleras con ella; esa experiencia me benefició de muchas maneras más adelante en la vida.

CAPÍTULO 6
CONTINUACIÓN

LAS VISITAS DIURNAS al hospital para tratamientos y más inyecciones en mis brazos no parecían estar funcionando. Por las tardes y en la noche, los ataques de asma continuaban.

Intentaba detenerlos y evitar regresar a la sala de emergencias del hospital. En varias ocasiones, fui admitido en la sala de pediatría y permanecí allí durante unos días.

Recuerdo que me llevaban en silla de ruedas desde la cama hasta un área donde me colocaban al sol, en un espacio que combinaba interior y exterior. Tenía acceso a libros infantiles y juegos de mesa, como rompecabezas.

Recibía medicación diariamente y, tras mejorar lo suficiente, finalmente me daban de alta del hospital infantil y regresaba a casa.

CAPÍTULO 7
DEL HOSPITAL AL HOGAR DE CONVALECENCIA

FINALMENTE, después de más ataques de asma, los médicos recomendaron a mi mamá que me enviara a un hogar de convalecencia de aire fresco para niños que estaba al norte y fuera de la ciudad.

Tendría que dormir allí durante la noche y pensaba que mi estancia sería como en la sala de pediatría del hospital. Sin embargo, mi estancia en el Hogar de Convalecencia Milbank duró alrededor de un año. Perdí un grado completo de escuela y mi experiencia y entorno educativo escolar público tal como lo conocía.

Durante mis primeros grados, perdí muchos días de escuela debido a la enfermedad y no pude asistir. Ahora también estaría lejos de mi familia. Fue un momento emocional para mi mamá, los miembros de la familia y para mí.

Mi mamá me acompañó al Hogar de Convalecencia Milbank y nos despedimos. Me sentí solo durante mucho tiempo. Estuve solo durante bastante tiempo. Pasar horas sentado junto a la ventana de mi apartamento y con instrucciones de mantenerme tranquilo me volvió introvertido.

Mi habla no se desarrolló como mi hermana mayor y mi hermano. Ahora era un introvertido solitario en un lugar extraño y nuevo. Gradualmente, encontré formas de entretenerme y pasar el tiempo.

Adaptarme a la rutina del hogar de convalecencia fue muy útil. El desayuno era bueno, especialmente las tostadas francesas. Recuerdo que alimentaban bien a todos los niños. Después del desayuno en el otoño, invierno, primavera y verano, mis nuevos amigos y yo teníamos permitido jugar y explorar al aire libre alrededor del edificio principal y terrenos.

Éramos supervisados por el personal del hogar de convalecencia. Nuestras comidas de desayuno, almuerzo y cena eran puntuales y asistíamos según lo requerido. Esa parte era similar a estar en casa. Nunca nos asignaron trabajo excepto hacer nuestras camas en la mañana. Las sábanas y las fundas tenían que estar de cierta manera con las esquinas dobladas y metidas.

En general, éramos libres para jugar y explorar nuestros alrededores bajo la atenta mirada del personal que era amigable y protector.

CAPÍTULO 8
HOGAR DE CONVALECENCIA CONTINUACIÓN

En el hogar de convalecencia había una pequeña escuela roja con un maestro. El tamaño de la clase era de quizás 5-7 niños, incluyéndome a mí, donde descubrí cómo los renacuajos se convertían en ranas y cómo las larvas de mosquito se convertían en mosquitos.

Poníamos arañas en frascos y observábamos cómo hacían sus telas. Capturábamos luciérnagas y también las metíamos en frascos. Al atardecer, las veíamos iluminarse al abrir sus alas y volar en el aire.

Estudié lengua, arte y matemáticas. También había un taller de carpintería donde hice un pequeño barco de madera con la ayuda de un miembro del personal. Descubrí conejos y otros animales salvajes que no había visto donde vivía, en la gran ciudad.

Había manzanos en un pequeño huerto. Saltaba para agarrar una manzana de los árboles. También vi más insectos y aves como los pájaros carpinteros, los cardenales, los azulejos y los petirrojos.

También vi más insectos y aves, como pájaros carpinteros, cardenales, azulejos y petirrojos. Por primera vez, vi avispas amarillas (y algunas me picaron cuando accidentalmente pisé su nido subterráneo junto al arroyo), avispas comunes, grillos, saltamontes, escarabajos, libélulas, arañas y otros animales, como ratones de campo que anidaban en los arbustos. Además, descubrí lo divertido que era jugar en los fardos de heno enrollados en el campo. Había una sección en la propiedad donde crecían tomates, que sabían deliciosos recién salidos de la planta.

CAPÍTULO 9
VOLVIENDO A CASA

LOS ATAQUES DE ASMA y las dificultades para respirar disminuyeron tanto que me dijeron que pronto volvería con mi familia. Los extrañaba a todos. Durante cada visita de mi mamá mientras estuve en Milbank, esperaba poder irme con ella.

Durante mi estancia, trabajé en calmar mi mente y mi respiración para tener un mejor control y reducir cualquier cosa que pudiera desencadenar un ataque de asma. Cada vez que mi mamá venía a verme, me esforzaba aún más mentalmente para evitar un ataque.

Finalmente, llegó el día en que había mejorado lo suficiente para regresar con mi mamá y mi familia.

CAPÍTULO 10
REGRESÉ A CASA Y MI ÚTIL HERMANO MAYOR

REGRESÉ MÁS SALUDABLE que cuando me fui, aunque no estaba completamente curado. Mis doctores me indicaron que usara un inhalador además de tomar pastillas, en caso de necesitarlas. Había comenzado a tomar pastillas en el Hogar de Convalecencia Milbank. Algo nuevo en casa era una máquina vaporizadora para humidificar el aire.

Al principio, regresé sentado y mirando por mi ventana, pero se me permitió unirme a los niños del vecindario de mi edificio siempre que los observara jugar y no corriera. Mi mamá estaba extra cautelosa sobre mi actividad física y preocupada.

Mi hermano comenzó a llevarme con él al patio de nuestra escuela primaria, que estaba cubierto de concreto y fuera de la vista de nuestra madre.

Mi hermano mayor me enseñaba a lanzar una pelota y jugar a atraparla. También bateaba pelotas para que yo las atrapara en el campo. Además, me dejaba observar mientras él y sus amigos jugaban baloncesto en media cancha y encestaban en el aro de metal. Los imitaba y poco a poco me fui fortaleciendo, aunque todavía necesitaba la medicina para contrarrestar las dificultades respiratorias.

CAPÍTULO 11
MI HERMANO MAYOR Y YO (CONTINUACIÓN)

MI HERMANO, en algún momento, le dijo a nuestra mamá que podía jugar con él sin tener un ataque de asma. Los doctores también alentaron mis actividades al aire libre, jugando con mi hermano y sus amigos atléticos del vecindario. A pesar de mi asma, poco a poco comencé a participar en juegos de stickball, softbol, baloncesto en media cancha, lanzamientos de fútbol americano, juegos callejeros de Nueva York y juegos de persecución.

En el verano, me permitieron unirme a mi hermano en el centro de la Liga Atlética de la Policía del vecindario, que un día anunció que organizaría un evento de atletismo en el que cualquiera podía competir. Nunca había corrido en competencias de atletismo ni competido contra nadie. Mi hermano nos inscribió en una de las carreras de velocidad. Él era muy rápido y ganó una cinta y una medalla por llegar en primer lugar. Para sorpresa de ambos, yo llegué en segundo lugar y también recibí una medalla con cinta.

Ese evento cambió mi actitud y me dio la satisfacción de haber superado una enfermedad de asma en mi infancia temprana. Recordé aquellos días en los que me sentaba junto a la ventana, con la luz del sol iluminándome, y especialmente las noches cuando veía una estrella brillante en el cielo. Recordé cantar, tararear y repetirme a mí mismo:

Estrellita, ¿Dónde estas?
me pregunto qué serás.

CAPÍTULO 12
¡ADELANTE HACIA ARRIBA Y HACIA ADELANTE!

AL LOGRAR el segundo lugar en una carrera de velocidad de la Liga Atlética de la Policía, gané la confianza para recoger un viejo balón de baloncesto desgastado que encontré un día en la cuneta junto a la acera. Tenía bultos debido a que el recubrimiento exterior estaba deteriorado en algunas partes. Lo que para alguien era basura, para mí fue un regalo. Practicar lanzamientos de baloncesto en los aros y tableros metálicos del patio escolar se convirtió en mi pasión y rutina.

Ahora, como mi hermano, me uní a los juegos informales de baloncesto en media cancha en el patio de concreto de la escuela. Todavía tenía que usar un inhalador, pero nunca renuncié a mi camino hacia la salud y la actividad. Después de la escuela, mi hermano me involucró en la liga de baloncesto de la comunidad escolar. Al final de los partidos de la liga, nuestro equipo quedó en primer lugar (campeones) y me otorgaron el premio al Jugador Más Sobresaliente junto con un trofeo. A pesar de las dificultades para respirar, ahora sabía que podía estar sano y ser activo, como las hormigas que observaba en el alféizar de mi ventana del segundo piso.

A partir de ahí, me reclutaron para formar parte de un equipo juvenil, los *BronxChester All-Stars*. Viajé para competir contra otros equipos de baloncesto, acumulé trofeos y reconocimiento, y adopté una actitud de "Puedo lograrlo: Respirando y Triunfando".

CAPÍTULO 13
RESPIRANDO Y TRIUNFANDO

DEL EQUIPO JUVENIL DE ENTRENAMIENTO, me convertí en un orgulloso miembro de los *Blue and Gray Gompers H.S. Panthers* y logré ser atleta destacado durante cuatro años consecutivos. Durante mi segundo año de secundaria: "NO MÁS INHALADOR NI PASTILLAS". Este logro de cuatro años en la secundaria me impulsó a participar y competir en el ámbito atlético universitario. En los primeros dos años de secundaria, usé mi inhalador durante las prácticas y, a veces, en los descansos de los partidos. Sin embargo, hacia el final de mi segundo año, descubrí que ya no necesitaba usarlo. Dejé el inhalador a un lado y nunca más volví a utilizarlo. ¡Finalmente había superado la enfermedad de asma de mi infancia! ¡El viaje estaba completo!

Mi mejorada salud me permitió participar en partidos de baloncesto universitario a nivel internacional (en Ottawa, Canadá) y nacional. Un momento destacado fue ser nombrado capitán de los equipos de mi colegio y universidad, gracias al desarrollo de mi carácter y habilidades en el baloncesto.

Nunca renuncié a mi búsqueda de respirar como mi familia y los jóvenes de mi vecindario. Agradezco a mis padres, familiares, doctores, enfermeras, al personal hospitalario y del hogar de convalecencia, al sacerdote de la iglesia y a mis entrenadores. Poco sabía yo que vendrían oportunidades que no esperaba, más allá de mi objetivo inicial de no tener ataques de asma, poder respirar y aliviar la preocupación de mi mamá por mí.

Hice sentir orgullosa a mi madre al graduarme de la universidad y obtener mi título. Ella estuvo presente para presenciar ese momento.

BRILLA, BRILLA, ESTRELLITA
SÉ QUIÉN ERES PARA MÍ
HAS SIDO UNA INSPIRACIÓN
PARA MIRAR HACIA ARRIBA
Y TRIUNFAR EN ESTE JUEGO DE LA VIDA.

- **E. T. R.**

P.D. ¡Gracias también a las hormigas!

www.ingramcontent.com/pod-product-compliance
Lightning Source LLC
LaVergne TN
LVHW010511160826
845677LV00012B/2794

* 9 7 9 8 8 9 5 6 9 8 5 3 2 *